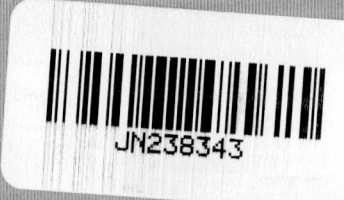

「ひとり会議」の教科書

山﨑拓巳
Takumi Yamazaki

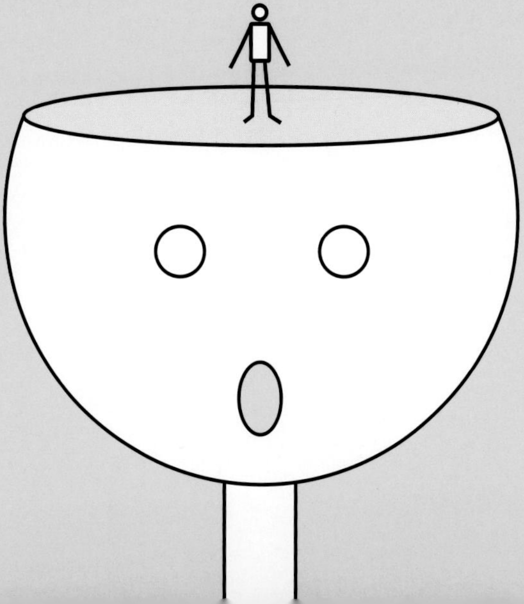

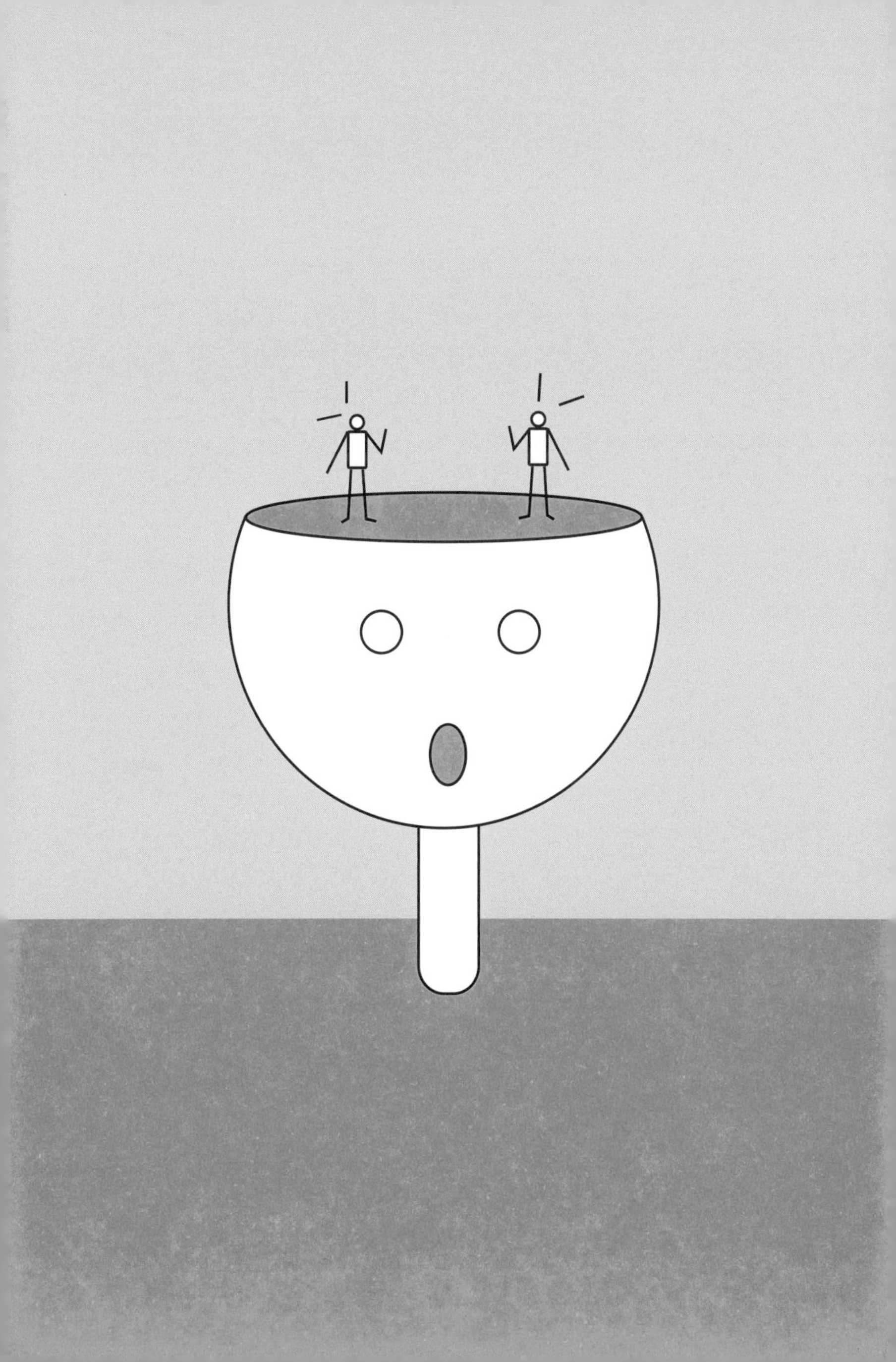

今、なにをするべき？

あ、あのこと、どうなっていたっけ？

あれこんど、やってみようかな。

あの人、あんなこといってたな。

あ、あれ思い出しちゃった。

なんか心配だ。

でもなにが心配なのか、わからない。

ずっと「わからない」中にいるから、

なんだかわからないけど、

いつも忙しく感じています。

あなたはどうでしょうか。

目の前の「やるべきこと」「やりたいこと」に対して
ぐーっと集中できていますか？

なぜか集中できない自分がいませんか？
集中したいと思う目標を見失っていませんか？
もしくは集中したいことが山のようにあって、
どれから手をつけたらいいのか、
わからなくなっていませんか？

Prologue

One Man Meeting Textbook

私たちのあたまの中は、

たえず「おしゃべり」をしています。

歩いているときも、座っているときも、

仕事をしているときも、

家でくつろいでいるときも。

誰かとおしゃべりしているときさえも。

わからないから、誰かについていくしかない。
知らないうちに、どんどんまわりに流されていって
気づけば自分が今、
地図のどこらへんにいるのかも、
わからなくなっている。

どれだけ仕事で成功している人でも、
お金や才能に恵まれている人でも、実はそう。
目先の「やるべきこと」に追われて
毎日を楽しめていない人が多いのです。

人々とかかわって生きている以上、

「ひとりで考える時間を持つぞ！」と意識しないと、

なかなか、そんな時間は持てないようです。

そこで、

「ひとりで考える時間」ができるのを

漠然と待つのではなく、

積極的に会議方式で進めていこう！

というのが「ひとり会議」です。

僕も１日１回、「ひとり会議」という予定をいれて

そのことだけに集中できる時間を作っています。

そのおかげで、

こんな良いことが起こりやすくなっています。

①

今やるべきことがはっきりし、
目の前のことに没頭できるようになる

②

１日にたくさんのことをこなしながら、
一つひとつのことはゆっくり丁寧にできる

③

「やらなきゃいけないこと」が
「やりたいこと」に変わる

④

抱えている複数の問題が、
どんどんすっきりしていく

⑤

思いもよらなかったアイディアや
解決法が生まれる

どうすれば、そういう「ひとり会議」ができるか。

「ひとりで考え事をしたり、スケジュールを立てるのが苦手」

という人にもわかるように、

基本から丁寧に解説していきたいと思います。

ひとり会議をしながら、

あなたの心の声に、ゆっくり耳を傾けてみてください。

そしてそこから広がっていく世界にうっとりしてみたり、

ドキドキしたりする感覚を楽しんでください。

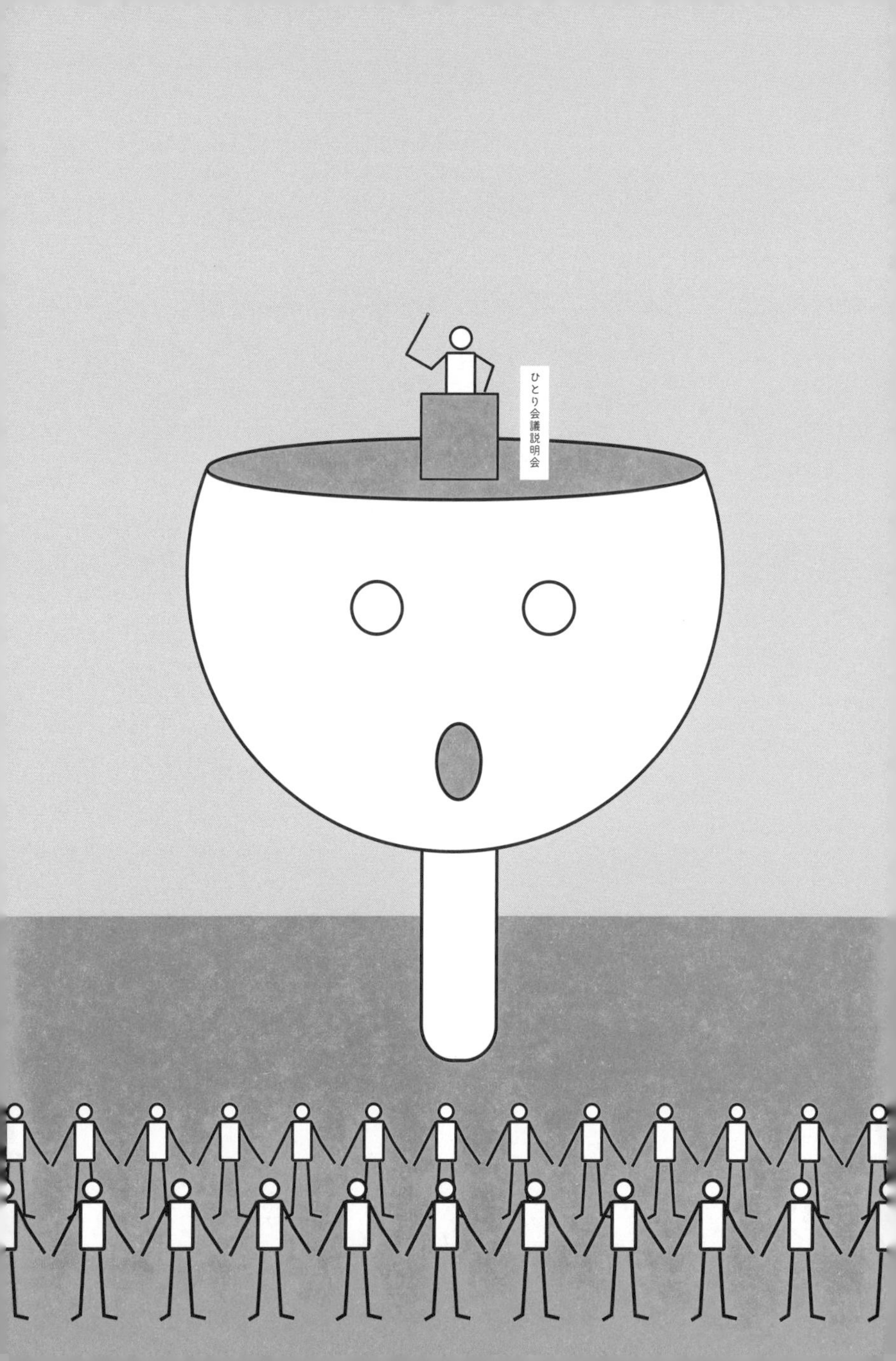
ひとり会議説明会

この本の楽しみ方

How to Read & Act

One Man Meeting
Textbook

To Do ＝ やること

この本の中に出てくる「To Do」の中で気に入ったものがあったら、忘れず実行できるよう、次のどれかの方法で記録するのがおすすめです。

A　自分にメールを送る
B　ノートに書く
C　携帯電話のメモツールに書く

☑
To Do リストを書き出し、優先順位をつけ、一つひとつ実行していきます。そして一つ実行するごとに、チェックマークを入れます。あなたがチェックマークを入れた瞬間、脳に快感物質のようなものがプチュッと分泌されるのです。

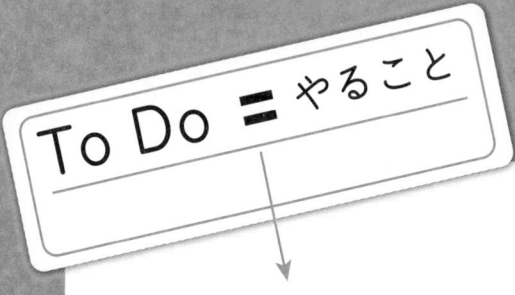

iNDEX

One Man Meeting Textbook

CHAPTER
1

ひとり会議をはじめる

CHAPTER
2

5つのひとり会議

CHAPTER 3

ひとり会議後の仕事術

CHAPTER 4

自分を見つめるひとり会議デラックス

「ひとり会議」の教科書

CHAPTER
1

ひとり会議をはじめる

Let's get started!

CHAPTER 1

1

ひとり会議を
はじめる

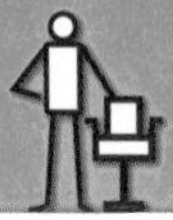

ひとり会議の チカラ

やるべきこと

↓

やりたいこと

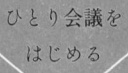

探さなくても、身の回りにはつねに
“やるべきこと”があります。

「手が空いたときに、よろしく」
というカタチで用意されていたり、

「これ、やってもらってもいい？」
というカタチで新しくやってきたり。

そして少しぼんやりしていたら、
あっという間に“やるべきこと”が山積みになっていきます。

“やるべきこと”に囲まれて、
なんだかよくわからないけど、忙しい。

自分の時間が持てないな、と思います。

実は、誰でもそうなんです。
どんなに才能にあふれている人でも、
お金や時間にゆとりがある人でも同じ。
社会の中にいると、誰もが
“やるべきこと”と“やらねばならないこと”
に時間を取られるようにできているんです。

しかし何事も気分が大切です。
「やらなきゃ」という気持ちでやるより、
つねにワクワクしていた方が、
良いアイディアがどんどん浮かぶし、
行動もスムーズになり、
１日にたくさんのことをこなすことができます。

ではどうしたら、
今抱え込んでいる「やるべきこと」を
すぐにでも動きたくなる「ワクワクすること」
に変えられるんでしょう？

その答えは、自分にしかわかりません。

だからこそ、
成功している人たちは「ひとり会議」をして、
自分がすぐにでも行動に移したくなるような精神状態を、
自分のチカラで作り出しているのです。

CHAPTER 1

2

ひとり会議を
はじめる

ひとり会議の チカラ

できない

↓

できるかも？

僕たちの脳みその仕組みはユニークで
質問を投げかけると動き出し、答えを見つけた瞬間、
“インスピレーション”として届けてくれます。

自分がふだん疑問に思っていることや、
知らないうちに問いかけていたことが、
いつか「ふとしたヒラメキ」となって出てくるわけです。

意識しなければ、ただの偶然の産物です。
でも「ふとしたヒラメキ」を、
意図的にコントロールすることができたら、
未来はどんどん素敵なものになっていきます。

そこでひとり会議は
「積極的にテーマを持ち、自分に質問を投げかける」
という場を作ることを基本とします。

「予算が足りないんだ」
「時間がない。納期に間に合わないんだ」
「やる気が出ない。なぜかというと…」

という具合に、心に流れている不快な言葉たちに、
すこし手を加えるだけで、流れはパッと別のものに切り替わります。

「どうすれば予算がなくても達成できるか？」
「どうすれば期限内におこなえるか？」
「どうすればやる気が出るか？」

という質問を投げかけた瞬間、実感できるはずです。

「ダメだ」
「なんでダメなんだろう？」
「ダメな理由はこれだ！」
「たしかにそれだ！」

という流れの中にいる自分に

「じゃあどうしたら、できる？」

という発言者を脳みその中に投入する。
すると、
悪い流れが止まり、まったく違う風景が見えはじめ、
まったく違う発想やアイディアがあふれ出す…。

しかもその発想やアイディアは、
あなたが今まで想像すらしていなかったもの、
だったりするんです。

CHAPTER 1

3

ひとり会議を
はじめる

ひとり会議の
チカラ

これが自分

↓

これも自分か！

今、あなたの目の前には無数の選択肢があります。
そして好きな未来を、自由に選ぶことができます。
しかし、そうしません。
なぜなら、
誰もが自分の過去のデータを参考にしながら、
物事を判断し、選択しているからです。

今まで、やって「うまくいったこと」
はどんどん選択し、どんどん強化しつづけています。
一方で、
今まで、やって「ダメだったこと」
は、すでに選択肢からはずされています。

すっかり過去の呪縛にはまっている状態です。
無意識に選んでいるはずの、あれもこれも、
実は過去からの延長線上にある結果なのです。

だから、いつの間にか、
「自分はこういうタイプの人間だ」
と思い込んでしまうのです。

でもそうじゃない、
ということは実際にやってみればわかります。

自分自身に、
「未来を明るくするための質問」をします。
そしてその答えを、言葉か文字にします。
心の中で答えるのではなく、実際に紙に書いたり、人に話したりすることが大事です。

もちろん最初から、
予想していた答えを書き、話すことになります。
でもそうすると、また違う感情があふれてきます。
それも、言葉か文字にします。

すると心の外側の皮（感情）が１枚ペロッとはがれ、
解き放たれます。

そしてはがれたあとに、また別の新しい感情が下から出てきます。
その感情のまま、さらに答えを出す。
すると、また感情がペロッとはがれ、さらに新しい感情が下から
姿をあらわすのです。

その行為をくり返すことによって、
やがて自分ですら対峙したことのない
「新しい自分」と出会えます。

ふだんの暮らしの中ではつねに表面の感情だけで、
すべてを決めたり、考えたり、思ったりしてしまいますが、
定期的にひとり会議をすることによって、
新しい自分の存在を知り、
今まで思いもよらなかった可能性を
見つけることができるのです。

CHANGE

CHAPTER 1

4

ひとり会議を
はじめる

じゃあ「ひとり会議」は具体的になにをするの？

簡単にいうと、

1. 今直面している問題をすべて書き出す。
2. それぞれ「どうなればいいか？」という
質問のカタチに変える。
3. それぞれ「どうすればそうなるか？」という
質問のカタチに変える。
4. それぞれの答えを「○○する」という
To Do のカタチにして、スケジュール帳に書き込む。

たったこれだけのことです。

【例】
1. [問題] 忙しくて部屋が片付かない。
2. [どうなればいいか？] 部屋がきれいになればいい。
3. [どうすればそうなるか？]
アイディア1　朝いつもより15分早く起きて掃除する。
アイディア2　部屋にある物の数を減らす。
アイディア3　友だちを家に呼ぶ。
4. [To Do] のカタチにする
・目覚ましを15分早くしておく。
・次の土曜日に「いらない物を捨てる」という
予定を入れる。
・友だちに電話をする。

CHAPTER 1
5

ひとり会議を
はじめる

ひとり会議の時間と場所

To Do
やってみよう

1. 「ひとり会議の時間を持つぞ！」と意識する（じゃないと、この忙しい時代、時間は目の前を流れてしまいます）。
2. スケジュール帳を出して「ひとり会議」の予定を入れる（時間は自由。できれば今から１週間分、毎日入れてみましょう）。

ひとり会議は、朝するのがおすすめです。
朝しくじった日は、一日がシックリしませんが、
朝ひとり会議をすることで、一日を自分のものにすることができます。

他にも、
朝、まだ誰も出社していない会社で。
ひとりでお昼ごはんを食べるときに。
乗り物を使った移動中に。などがおすすめです。

今まで他のことに使っていた時間を、まずはほんの少しだけ「ひとり会議の時間」に使ってみましょう。

ひとり会議はどこでもできます。
が、日常の中にいたままだと難しいです。
自宅や会社にいると、
あなたの注意を奪うものがいっぱいだし、
宅配便の荷物が届いたり、
「あの件、どうなった？」と声をかけられたり、
たびたび思考を止められるからです。
そして思考が止まると、つい目の前のTo Do（やるべきこと）の方へ時間が注がれてしまいます。

ひとりになれる場所に移動してみましょう。
わざわざそのために、新しいお店を探すのもおすすめです。
「ひとりになるならここ！」という場所は、
誰でも一つは持っておいた方がいいと思います。
やる気のスイッチになる場所、その気になれる場所。
「集中する」という自由で贅沢な時間を、満喫できる場所。
そういう場所を持っているかどうかで、その人の人生は大きく変わってくると思います。

スタンダードなところでは、
カフェやホテルのラウンジなどですが、
僕が最高だと思うのは長距離電車や、
飛行機における移動時間です。
ひとりだし、自由に動けないし、他になにもできない。
いやがおうにも「ひとり会議をする」という
すばらしい環境ができあがっています。
僕は乗り物に乗る前、
いつも「今日はこのことについて考えてみよう」と決めています。
考えるテーマはタクシーに乗る10分と、飛行機に乗る8時間では当然変わります。
8時間あるぞ！と思うと、もうそれだけでワクワクしてきます。
人生について考えてみたくもなります。
ふだん移動の多い人は、ぜひ意識してみてください。

To Do
やってみよう

1. **ひとり会議ができそうな場所を探す。**
2. **または「ひとりで考え事をするのにおすすめな場所」を誰かに聞いてみる。**

CHAPTER 1
6

ひとり会議を
はじめる

ひとり会議の
道具

ひとり会議には普通、ノートとペン、スケジュール帳、パソコンなどを使いますが、
あなたがやりやすいものであれば、なにを使ってもけっこうです。
僕たちの行動は、いつも気分に大きく左右されています。
もし今、使っているツールに飽きていたら、
ざっくりと一式買い換えて、気分を一新するものいいかもしれません。

ちなみに現在、僕が使っているひとり会議ツールはこれです。
(http://hk.sanctuarybooks.jp/)

僕の場合はパッとヒラメいたことを忘れないよう、
すぐに携帯メールに打ち込んで、
パソコンに送っておく、ということを習慣にしています。
なのでパソコンの受信トレイが、僕のTo Doリストにもなっています。

それからパソコンを使ってあたまの中を整理したいとき、
僕はワープロソフトではなく、メールソフトを使うことにしています。
メモをするときも、考え事をするときも、やるべきことを洗い出すときも、原稿を書くときも、なにかを書くときは、なんでもメールの中です。

memo memo

特別なことはしません。宛先を空欄のままにして、本文のスペースに自由に書き込むだけです。

一番なじみがあるのがメールソフトなので、見た目的にもすぐに入りやすく、

また誰かに伝えたいことがあればすぐに送れるという利点もあります。

だから「よし次！」と思ったときは、まず「新規メッセージ」を開く癖をつける。

それだけでも、頭が新しいモードに切り替わります。

To Do やってみよう

1.「ひとり会議」用のツールとして、ペンやノート、スケジュール帳などを用意する（使っていて「気持ち良い！」ことが大切です）。

2.一式新しくするというのもおすすめ。

CHAPTER 1
7

ひとり会議を
はじめる

ひとり会議を はじめます

準備ができたら
「今からひとり会議をはじめます」
という宣言をします。

声に出してもいいし、心の中でもけっこうです。
これはとても重要な儀式。
ゆっくり息を吸って、呼吸をととのえて、のびをしてー、
「ここからはひとり会議！」という線引きをしっかりすること
によって、思考のモードをパチッと切り替え、
いつもとは違うモードだと自分自身に伝えるのです。

それでは、実際にひとり会議をはじめてみましょう。

「最近うれしかったことはなに？」
はじめはウォーミングアップ。

スケジュール帳を眺めながらでけっこうです。
最近うれしかったことを思い出して、3つ書いてみましょう。

[例]
1、会議での発言をほめられた。
2、〇〇さんから食事に誘われた。
3、ずっと欲しかったかばんを買った。

「才能を伸ばす」のと同じくらい、「才能を本番で発揮する」ことは大事。
そこで会議やセミナーなどでは、
初対面同士の参加者が抵抗感をなくし、
場の雰囲気が温まるよう、ちょっとしたゲームや質問のやり取りをすることがあります。

これは「アイスブレーキング」といって、
氷のように硬くなった気持ちを、最初にやさしく溶かすという意味を持っています。
たった1分間をアイスブレーキングのために使うだけでも、
自分の持っている才能を、より発揮しやすい心の状態に持っていくことができます。

うれしかったことを拾い集める。
そんなちょっとした準備をするだけで、
ひとり会議を最大限楽しめる心の状態になり、
いいアイディアが出やすくなります。
ぜひ試してみてください。

なにかをはじめる前に、意識を変える工夫をする。
それだけで、今までとはまったく違う現実が見えてくるものなのです。

さらにひとり会議の世界に没頭するための
もう一つの儀式として、自分に向けて「近況報告」をします。

報告とはいえ、自分しか読まないものなので、内容はなんでもけっこうです。
「もうすぐ夏も終わり」とか「ゆうべは盛り上がった！」といった書き出しから、
あまり深く考えず、まるで友だちに書くメールのような、または軽い日記のような感覚で、楽しく入っていきましょう。

［例］※これは実際に山﨑拓巳が書いた例です。
さて！
もう火曜日になってしまった。

今夜は温泉にきています。
お休みですが、レポートは心を整理するのに必要なので…
お風呂上がりに書いています。

レポートを書くことで頭を整理整頓できる。
頭を整理整頓すると…
「HAVE TO」が「WANT TO」に変わります♪

年末ムード高まる今日この頃ですが、
あとちょっとで、今年も終わり。
残り１週間で、なにを注意し、どう動くことが大切か、
整理していきたいと思います。
（笑）
↓↓↓では…はじまり、はじまりー♪↓↓↓

こんなふうに自分に向けて簡単な報告をします。
最近の自分が感じていることをつぶやきながら、
徐々になじんでいき、自分を没頭させていく感じです。

To Do
やってみよう

1. **メールの新規メッセージを開く。**
2. **宛先を自分にする。**
3. **最近の自分について、自分に報告する。**

SAKASAMA

ひとり会議を
はじめる

ひとり会議の基本「質問」を覚える

友だちと話をしていて
「あー、あの人、誰だっけ？」
と喉まで出かかっているのに、名前が出てこない。
でも家に帰って、シャワーを浴びているときに
「あ！」と突然思い出す。

誰が思い出させてくれているのか？
あなたは、名前を思い出そうとしたことすら忘れているのに、
脈絡もなく、突如、答えが降ってくる。
一体あの「ヒラメキ」はどこからやってくるのでしょうか？

答えは潜在意識です。
一度、質問を投げかけると、意識の上では、すっかり忘れてしまっても、
潜在意識は、ずーっと「質問の答え」を探しつづけます。
脳は質問を投げかけることによって動き出します。

そして答えを見つけた瞬間、意識の上にストンと落とします。

ゴールデンタイムに、クイズ番組が多いのもそれが理由です。
質問を投げかけられ、脳が動き出し、チャンネルを変えることができなくなるからです。

ヒラメキは、得られるときと、得られないときがあります。
どうしたら「つねに」ヒラメキを得られるのでしょう？

なにかをやろうとします。
でも条件がそろわず、困難の中にいるとします。
たいてい、障害になっているものは「“ない”もの」です。

方法がわから**“ない”**
お金が足り**“ない”**
やる気が**“ない”**
能力が足り**“ない”**

ヒラメキをもたらしてくれる
「潜在意識」はインターネットと同じで、
「“ない”もの」を探そうとしても、脳は検索できないのです。
＜ヤマザキタクミ＞はヒットしますが、
＜ヤマザキタクミじゃ“ない”もの＞はいくら探してもヒットしません。

だから、良いヒラメキを得られないときは、
もしかすると「“ない”もの」を探しているのかもしれません。
「あるもの」を探す質問に書き換えてみましょう。

[例]

それを成功させるための方法がわからない。

↓

どうしたら、その方法がわかるか？

今度の連休どうしよう。
「どうしようかなー？」って放置していたら、
すぐに連休直前になり、あわてることになります。
そこで「どうしようかなー？」という悩みを、

どうしたら、

今度の連休を、
一生忘れられない連休にできるか？
という質問に変えてみましょう。

良い答えを探そうとするのではなく、
良い答えを探し出してくれる、「良い質問」を探すことで、
良い答えは生まれてくるのです。

ずっと悩み続けてしまう人というのは、
解決につながる質問形式に書き換えられてないだけなのです。

こんなケースに遭遇したことはありませんか？

「ぜんぜん上手くいかないんですよー」
「またケンカしたの？」
「はい、こうこうこういうわけで…」
「あ、そうなの。だったら、こうするしかないんじゃない?!」
「そうなんですよねー。しかも、○×☆※♡△」
「へえ、そうなんだ（え？　今の聞いてた？　解決法なんだけど…）」

良いアドバイスをしても、要領を得ず、流してしまう人は、
頭の中が、
「あの人と上手くいっていない」という状態にあって
「どうしたらあの人と上手くいくか？」
という疑問形になっていないから、
もし本当の答えが目の前を通ったとしても、
ヒットしないし、気づけないんです。

また、
「なんで私はダメなんだろう？」
「どうして勉強ができないんだろう？」
「なんでいつもお金に困るんだろう？」

このように、暗い答えを導く質問は禁物です。
いくら答えを思いついても、解決法が見つからないからです。

「明るい答え」を見つける質問をしてみましょう。

「どうしたら、上手くいくんだろう？」
「どうしたら、楽しんで、勉強の効率を上げられるだろう？」
「どうしたら、お金の心配がなく生きていけるだろう？」

僕たちは、自分へ一番多く投げかけた質問についての
“専門家”になっていきます。
「どうしたらもっとサボれるか？」という質問は「サボりの専門家」を作りますが、
「どうしたら効率良くできるのか？」は「効率の専門家」を、
「どうしたらもっと利益を上げられるか？」は「利益の専門家」を生み出していくのです。

さらに、よりワクワクするように
アレンジしていくのもおすすめです。

「なんで私はダメなんだろう？」
↓
「どうしたら、上手くいくんだろう？」
↓
「どうしたら、簡単に上手くいくんだろう？」
↓
「どうしたら、面白いくらい簡単に、上手くいくんだろう？」

○「悩み」を「質問」に書き換える例

悩む自分「作った企画書がつまんない」
質問する自分「じゃあ、どうしたらもっと面白くなるかな？」
「だれに相談したら、面白いアイディアをもらえそうかな？」

悩む自分「しめきりに間に合わないよ」
質問する自分「じゃあ、どうしたらしめきりに間に合う？」
「どうしたらしめきりを延ばしてもらえそう？」

悩む自分「旅行に行きたいけどなあ、小さい子どもがいるからなあ」
質問する自分「じゃあ、どうしたら旅行に行ける？」
「子どもを連れて旅行に行けないか？」

悩む自分「あの人にやってほしいけど、頼む勇気がないな」
質問する自分「あの人以外に頼める人はいない？」
「どうしたら、楽しい気持ちでお願いできる？」

悩む自分「気づけば“やりたい仕事”より“やらなきゃいけない仕事”ばっかりやってるな」
質問する自分「じゃあ、どうしたら、もっとやりたい仕事を増やせるのかな？」
「どうしたら、今の仕事をもっと好きになれるかな？」

また、複雑な悩みは、分けて考えることで単純化されます。

売りたいものが売れないとき…
ただ、漠然と「売れない」と認識するだけではなく、
一つひとつの要素に耳を傾けることで、
解決の糸口を増やしていくことができます。

あなた「なぜ、売れないんだろう？」

意見「若い女の子は買わないでしょ？」
意見「告知する場所がダメ」
意見「売る場所の問題だ」
意見「値段が高すぎる」
意見「考え方が根本的に間違っているのではないか？」

など、会議で意見が出たとしましょう。

意見「こんなの若い女の子に売れないよ」
あなた「じゃあ、どうしたら、若い女の子に買ってもらえる？」
「もしターゲットを変えたら、誰に求められるものなのか？」

意見「告知する場所が、ダメ」
あなた「どこで告知したら、売れそう？」
「どこで告知すると、お客様に声が届く？」

意見「売る場所が、良くないよ」
あなた「どこで販売したら、売れそう？」
「制限がないなら、どこで販売したい？」

意見「値段が高すぎる」
あなた「いくらだったら、売れそう？」
「値段を変えないなら、どんな付加価値をアピールできる？」

意見「発売する時期が良くない」
あなた「どの時期に発売したら、売れそう？」
「発売時期が変更できないなら、それでも売れてしまう仕掛けはない？」

意見「パッケージセンスがない」
あなた「どういうパッケージだったら、売れそう？」
「誰に頼んだら、センスの良いパッケージになりそう？」

意見「ネーミングが大事だよ」
あなた「どういうネーミングだったら、売れそう？」
「そもそも、どんなイメージを伝えたい？」

意見「こだわりが、欲しいでしょう」
あなた「どういうこだわりがあったら、売れそう？」
「僕たちが届けたい製品のコンセプトはなんだったのか？」

意見「それだけ考えても売れないな」
あなた「他に、どう考えたら売れそう？」
「誰に相談すると良いアイディアがもらえるだろう？」

To Do
やってみよう

1. **悩みを一つ書く。**
2. **「どうしたら～」からはじまる疑問系に変える。**

CHAPTER 2

5つのひとり会議

Five types of meetings

CHAPTER 2
1

5つの
ひとり会議

ひとり会議の手法1-1

テーマ会議

ひとり会議には、
なにかひとりで考えたいことがあってするものと、
積極的にひとり会議をしようと思ってするものがあります。
後者の場合は、テーマを決めることが必要です。

「なんでもいいから、仕事について毎日5分以上、考える時間を持ちなさい。それができたら10分、30分と時間を増やしていくんだ」
と教えられたことがあります。

しかし当時の僕は、たった5分も考えていられませんでした。
考えていると、だんだん苦しくなったり、焦ったりしてきて、
「うーむ、とにかくやるしかないでしょ！」
と途中で投げ出す始末。

ところが、ひと口に「仕事」ととらえるのではなく、
大きなカタマリとなっている仕事を一つひとつ切り分け、
「○○のことについて考えてみよう！」
という具合にテーマを出していったら、うまくいくようになりました。
考えること自体が楽しくなって、5分どころかもう何時間でも考えていたくなったのです。

テーマ会議のコツは、

1．まず「このテーマは何時まで」と決めます。

2．そして頭の中で「テーマはこれです。はいどうぞ！」と号令をかけます。

3．次にそのテーマについて、「どうなればいいのか？」と質問します。

4．そこから出てきた答えが、そのテーマの「目標」になります。

5．次に「どうすれば、そうなるか？（その目標に到達できるか？）」と質問します。

6．そうなるために必要なことを、考えられるだけ書き並べていきます。
これがTo Doです。

7．To Doを出し終えたら、それらをいつやるかをスケジュール帳に書き込みます。

テーマ「新商品 A について」

質問「新商品 A がどうなるといいのか？」

目標「300個売れると、問題が解決する」

書き換え「どうしたら300個、売れるか？」

↓

To Do

↓

スケジュール帳

↓

行動する

↓

チェック

↓

オッケーなら解決。ダメならもう一度テーマにする

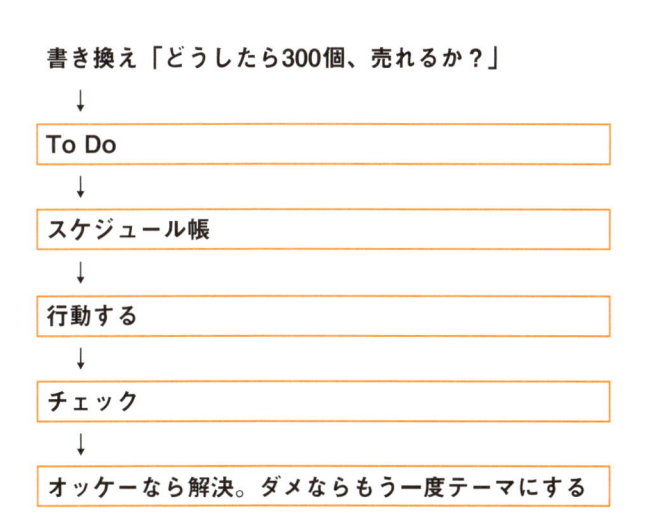

役割
「仕事」

「今はどんな仕事を受け持っている？」

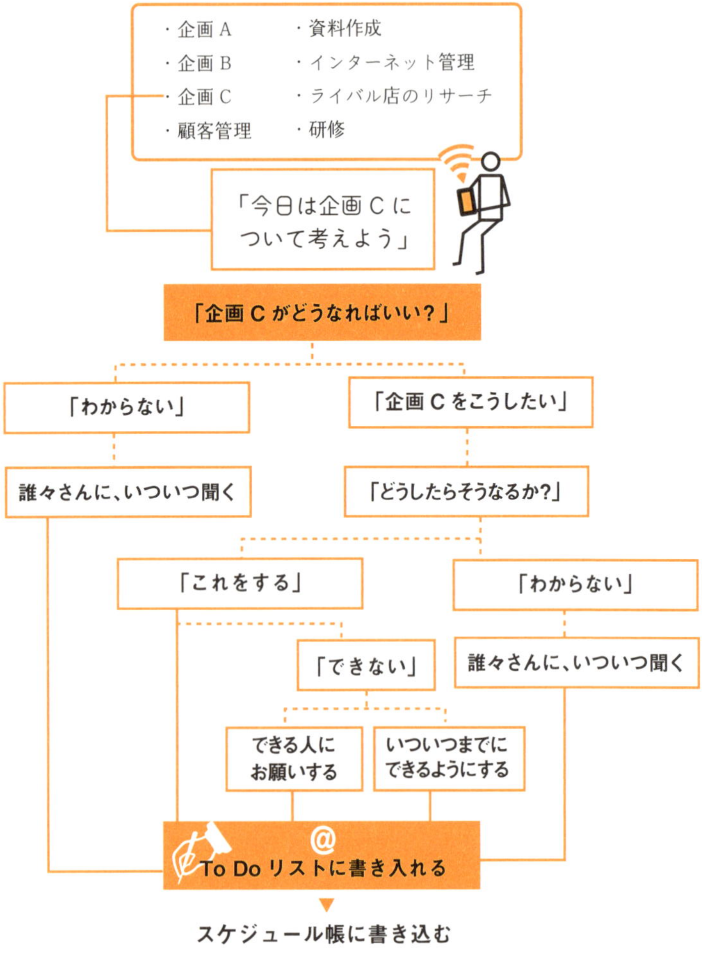

・企画 A
・企画 B
・企画 C
・顧客管理
・資料作成
・インターネット管理
・ライバル店のリサーチ
・研修
「今日は企画 C について考えよう」
「企画 C がどうなればいい？」
「わからない」
誰々さんに、いついつ聞く
「企画 C をこうしたい」
「どうしたらそうなるか？」
「これをする」
「わからない」
「できない」
誰々さんに、いついつ聞く
できる人にお願いする
いついつまでにできるようにする
@
To Do リストに書き入れる
スケジュール帳に書き込む

このように、
「複数存在する」&「並行して存在する」
問題点をただ抱え込むだけではなく、

「今日は顧客について考えましょう」ガガガガー！
「今日はライバル店について考えましょう」ガガガガー！
と、テーマ一つひとつを切り分け、対処することで、
丁寧に、たくさんの仕事をこなすことができます。

またあたまの中が整理され、
誰かに説明を求められたときにも、焦ることなく、
すぐ順を追って話せるようになります。

To Do
やってみよう

1. **今やっている仕事を、すべて書き出す。**
2. **その中から一つ選ぶ。**
3. **そのことをテーマに、ひとり会議をする。**

CHAPTER 2

2

5つの
ひとり会議

ひとり会議の手法1-2

テーマ会議のコツ

役割リストを書き出す

大切なのは、仕事のことだけではありません。
あなたは社会の中でいろんな役割を演じています。

仕事をする　　**自分。**
家族にとっての**自分。**
恋人としての　**自分。**
表現する　　　**自分。**
社会活動する　**自分。**
友だちといる　**自分。**
…などさまざまでしょう。

どの役割も大切です。
そしてどの役割も、素敵な未来をめざすべきです。

そこであなた自身の役割リストを書き出し、
忘れないよう、いつでも目に触れるようしておきましょう。

たとえば僕の場合は、こういう役割を書き出しています。

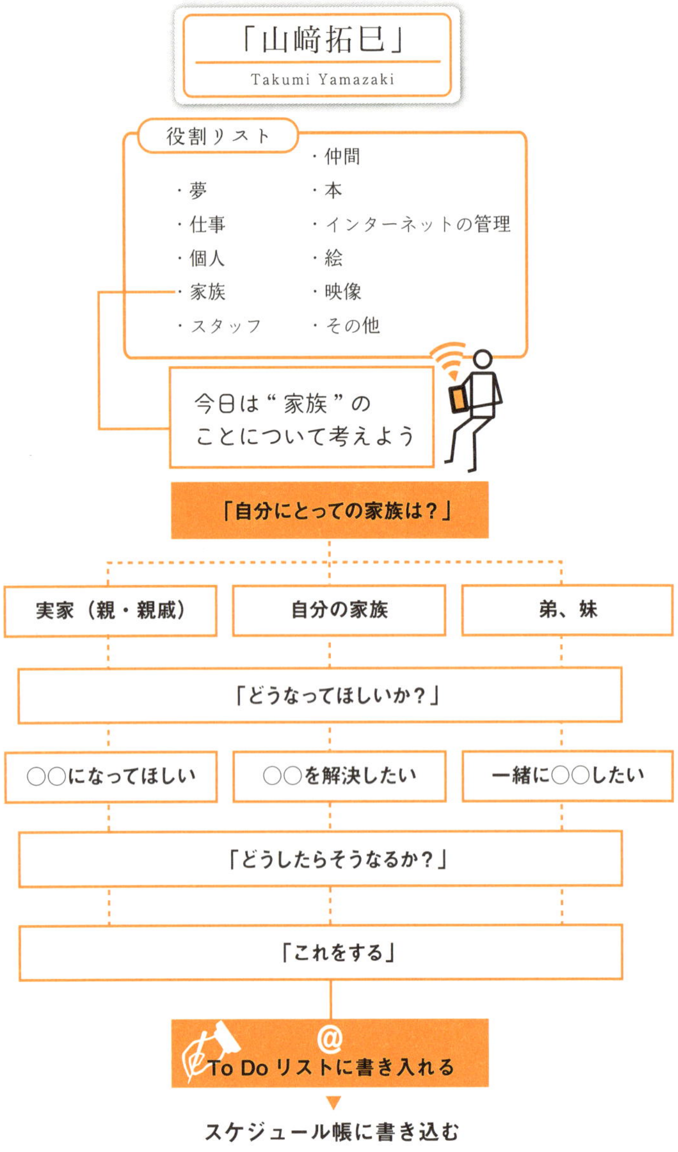
「山﨑拓巳」
Takumi Yamazaki
役割リスト
・夢
・仕事
・個人
・家族
・スタッフ
・仲間
・本
・インターネットの管理
・絵
・映像
・その他
今日は“家族”の
ことについて考えよう
「自分にとっての家族は？」
実家（親・親戚）
自分の家族
弟、妹
「どうなってほしいか？」
○○になってほしい
○○を解決したい
一緒に○○したい
「どうしたらそうなるか？」
「これをする」
@
To Do リストに書き入れる
スケジュール帳に書き込む

すべての役割について同時に考えようとすると、
あれも、これも気になり、
混乱したり、面倒になったり、投げ出したくなります。

でも
「はい終わり！　次！」「これも終わり！　次！」
というふうに一つひとつを区切って考えると、
没頭できるし、結論が出るスピードも早いです。

僕にとっては、何冊かの大切な本を、
同時進行で読んでいる感じです。

すべての本を同時に開くことはしません。
今読んでいるものを閉じてから、新しいものを開く。
だからこそ、つづきを楽しく集中して読めるんです。

To Do
やってみよう

自分のフェイズを書き出す

1. 自分にとって大切な役割を書き出す。（例：仕事、家族、地元の草野球、大学の友人、映画研究、旅など）
2. 身近なツールに記録し、いつでも見られるようにする。
3. ふとしたときに、その役割リストを眺める。

CHAPTER 2
3

5つの
ひとり会議

ひとり会議の手法2

問題対策会議

ときどきこういう現象を見かけます。

「なに悩んでるの？」
「ああ、いろいろ悩んでるんだよ」
「具体的には、なに？」
「なにって、いっぱいあって思い出せないよ」
「ん？　それって悩んでないじゃん！」

トラブルが多い人は、たいてい心配事が好き。
不幸な人は、たいてい不幸に敏感で、幸福に鈍感です。

解決しようと思っても、なにが悩みなのかわからない。
そういう人は、なにか悩んでいるというよりも、
「悩みが複数ある」ということに悩んでいるのです。

なにが悩みなのか、ちゃんと把握できていないから、
なんか憂鬱で、なんか気分がさがっているだけ。
本当は、問題そのものは、たいした問題ではなく、
問題が引き起こしている、この心の状態が問題なんです。

この問題のことを考えると、心がきゅんとする。
悩み事があるだけでうっとうしい、すべてが灰色に見える。

そんな心の状態のまま、問題に向かおうとすれば、
さらにまた同じような問題を引き起こしてしまいます。

「時間がないのに」「チケット見つからない」「チャックかんで！」「雨が降ってる！」「靴下に穴あいてる！」といらいらする現実を次々と呼んできます。

いらいらしているときは、次々といらいらすることが起きるんです。

なのでいったん深呼吸。
この問題が解決したらどんな未来が待っているか、
そのときの自分の感情を先取りして想像してみましょう。
「ああ良かった！　解決した。
さわやかー、もう、なに見ても楽しい！」
そういう心の状態にしてから、ふたたび問題と向き合うと、
「まあこうするしかないよな」という解決方法が
たいてい見つかるものです。

ちなみに探しものをするときも、
「ないー」「ないー」っていいながら探すより
「あった！」「あった！」といいながら探した方が見つかりやすいです。一緒にいる人は混乱するかもしれませんが（笑）。

「ないー」「ないー」って暗い現実を見ているから、
たとえ探しものが目の前にあって、
手にあたったとしても、気づけないような仕組みになっているんです。

探しものは探すのをやめたときに見つかりやすい、
とはこういうことです。

さて、**込み入った問題を解決するためには、**
まず状況をすべて把握することが大切です。
現状を把握することで、問題の8割は解決できたともいえます。
つづいて「どうしたら解決する？」という質問に書き換えましょう。

僕の場合は定期的に、
生活のこと、人間関係のこと、仕事のこと、家族のことなど、
思いつく心配事をすべて、紙の上に吐き出すように書いています。

あたまの中の整理がつかず、モヤがかかったような状態で、
ああでもないこうでもない、と考えつづけるのは苦しいからです。

いっそ
「今心にあるものを出してみよう」
そう思って、もうこれ以上ない、というところまで書き出しています。

今度は仕分けです。

この悩みとこの悩みは、よく似ているから一つ消す。

この悩みは同じグループだから、同じときに解決する。

この悩みは明日にならないと解決法がわからないから、
スケジュール帳の明日の欄に記入し、今は忘れる。

この悩みについては誰々さんに聞くしかない。
いつ聞けるか、今確認し、スケジュール帳に書き加える。

この悩みについては、もう自分ががんばるしかないよなー。

こんなふうに、これはこう、これはこうと全部対処法を考える。
そして
「もう、今できることはない！」
という地点までたどり着けば、あとはもう気持ち良い一日を過ごすだけ。

たとえ押しつぶされそうなことがあっても、
紙の上に書くだけで、安心を手に入れられるわけです。

あたまの中ですべて処理しようとすると大変ですが、
パソコンや紙の上にいったんさらけ出すことで、
さっきとまったく違う考えが生まれたり、
やることが明確になったり、具体化されるものなのです。

そして一見、難しそうに見える問題だって、
分解して考えれば「できることのくり返し」だとわかります。

To Do
やってみよう

1. **問題、不安をすべて書き出す。**
2. **グループごとに分ける。**
3. **さらにそれぞれを次の4つのパターンに分ける。**

A「いついつにやる」（To Do にいれる）
B「誰々に頼む、聞く」（To Do にいれる）
C「受け入れる」（解決不可のことは悩みつづけてもなんにもならないのです）
D「捨てる」（全部できなくてもいい。優先順位の低いものは捨てる）

自分で解決しようとして、八方ふさがりになっているとき、
次の質問を自分に投げかけることで、解決法が見つかることがあります。

「誰に助けてもらえばいいのか？」
「なにを助けてもらえばいいのか？」

成功したり、達成したりする人は、「頼み上手」な人が多いです。
コツは「誰に」「なにを」を明確にすることです。

また八方ふさがりになっているときは、
さまざまな問題によって、想像力が失われているケースが多々あります。
そんなときは、次の質問を自分に投げかけてみてください。
「本当はどうなればいいのか？」
“問題”にフォーカスしていた意識を、
“ゴール”にフォーカスさせることで、
新しいアイディアや方法が見つかることがあります。

CHAPTER 2
4

5つの
ひとり会議

ひとり会議の手法3

フリー会議

まったくフラットな状態で、今、あたまに浮かんでくるものをどんどん書き出してみましょう。

あるときは
「コンチクショー」
「バカヤロー」
「おれは好きに生きてー」
「いいんだよ、今のままで」
心の中にある叫びのようなものを、次々と外に吐き出していきます。

「お前なんか死ね！」みたいに、
大人としては絶対に口に出してはいけない言葉もありますが、
そんなふうに「いけない」と思ってため込んでいるものこそ、
むしろ思い切って書き出してみましょう。
枕をサンドバッグがわりに、怒りをぶつけるような感じで。
(次の日に読み返すことで、「昨日の自分」を客観的に見られるのも楽しい。たいていは恥ずかしくて、すぐに消してしまいます)

反対に、ひたすら「愛」「愛」「愛」って書いたり、
いつもは恥ずかしくて口に出せないような
ピースフルで、ラブリーな言葉を書くのも良いでしょう。

いずれの場合もただ方向だけを決めて、
自由に浮かんでくる言葉をそのまま出します。
パーッと吐き出してあげるだけでも、すごく楽になる。
心のトリートメントになると思います。
今、自分が感じていることを、思いつくまま、かっこつけずに出すことで、
自分の思い込みや、価値観に邪魔されて、
見えにくくなっていた事実が明らかになり、
よりシンプルで正確な、解決策を見つけられることがあります。
これは「ひとりブレスト」ということでもあります。

“ブレスト”とはブレインストーミングの略で、
・人の発言の分析をしない
・結論を出さない
・ぶっ飛んだ考え方を歓迎する
・アイディアの質より量を重視する
・人の意見を否定しない
といったルールのもとで行われる、会議形式のことです。

「これはブレスト」と前置きせずに、会議で単なる思いつきを話しはじめたら討論に発展しますが、ブレストという前提で話すことによって、お互い気軽にアイディアを出していくことができます。
それと同じことを、あたまの中でもやってみようというわけです。

諸条件から発想する未来は、どうしても小さなものになりがちです。

「制限がないなら、どうなりたいのか？」
「本当は、どうありたいのか？」

まずは、自分の枠をはずして、理想から未来の図を描く。
次に、その未来の図と、諸条件と照らし合わせる。
そうすることで、最大限の、素敵な結果が生まれます。

ひとりブレストはとても重要です。
ひとりブレストをせずに生きている人は、
自分の本当の能力に触れることなく、人生を終えることでしょう。
ぜひ、ためしてみてください。

To Do
やってみよう

1. **ノートのなにも書いていないページを開く。またはパソコンの新規メールを立ち上げる。**
2. **そこに心に浮かぶこと、ひっかかっていることをなんでも書く。人にはいえない恥ずかしいこと、ぶっ飛んだこと、タブーなことは、むしろ優先して書く。**

CHAPTER 2

5

5つの
ひとり会議

ひとり会議の手法 4-1

スケジュール会議

ひとり会議によって導き出され、
ノートやパソコンに蓄積された「To Do ＝やるべきこと」を、
スケジュール帳に入れていきましょう。

この作業でとても重要なのは、
「あなた」の視点でやらず、「あなたのマネージャー、または秘書」になったつもりでおこなうということです。

マネージャー「○○さん（あなたのお名前）、本日この時間はこのように会議が入っておりますので、よろしくお願いします」
自分「うん、了解」
マネージャー「会議のあと10分くらい休んでいただいたあと、すぐランチです。○○さんとです」
自分「おお○○さん、楽しみ」

マネージャー「ただランチが終わったら、すぐ3時間ぶっ通しで作業していただくことになります。さらにその後、打ち合わせが2件入っています」
自分「きびしいな。なんとかならないかな」
マネージャー「そのかわり打ち合わせが早く終われば、夜8時にはあがっていただけます。今夜は彼女を誘って焼き肉でも食べにいきますか」
自分「オッケーいいよ、それならいける」

こんなふうに、2人称の立場で、実際に動くあなたのご機嫌を取りつつ、合意を取っていく感じです。
すべての時間に、○○をする時間、○○をする時間と名前をつけていきます。ぼんやりする時間も、ちょっとしたすきまの時間も、名前をつけてスケジュール帳に書き込んでおきます。
そして大切なのは、一度名前をつけたらその時間がくるまで、そのことを忘れてしまうことです。

「スケジュール帳」という秘書が、その時間になると、次にやるべきことを教えてくれる、と考えても良いかもしれません。
「あのこと忘れちゃいけない」とあたまの中に案件を抱え込んでいたら、脳の中のメモリーを食ってしまうからです。
あたまの中はつねに空っぽにしておきます。
まったく手を離して、明日なにがあるか見えない状態にしておきます。
なくしたくない記憶を外に出しておくことで、よりインスピレーションがわきやすい状態を作っておくのです。

To Do
やってみよう

1. **To Do リストとスケジュール帳を見くらべる。**
2. **あなたは、あなたのマネージャー。あなたへの気遣いを忘れないように、スケジュールの交渉をする。**
3. **スケジュール帳に書き込み、頭の中を空っぽの状態に保つようにする。**

CHAPTER 2
6

5つの
ひとり会議

ひとり会議の手法 4-2

スケジュール会議のコツ

人との約束

山﨑拓巳の本 Takumi Yamazaki Books

sanctuary books

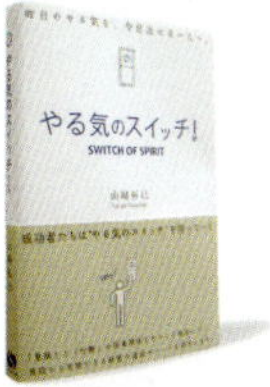

『やる気のスイッチ!』

やる気を出すためのメソッド。

『やる気のスイッチ!実践セミナー』

やる気をキープするためのメソッド。

『人生のプロジェクト』

やりたいことを実現させるための段取り術。

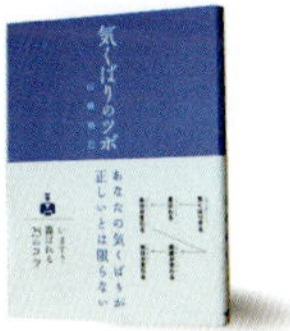

『気くばりのツボ』

人脈を作るためのコミュニケーション術。

『五つ星のお付き合い』

人脈を広げていくためのコミュニケーション術。

『魔法のドリル』

やりたいことを見つけるためのワーク。

『めんまじ』

メンタルマネジメントを
わかりやすく伝える絵本。

『ポケット成功術』

成功する人の習慣を集めた
ピクチャーエッセイ。

『人生はかなりピクニック』

人生を豊かに楽しくする
ためのメッセージ集。

DVD
セミナー

『やる気のスイッチ!』『人生のプロジェクト』
『気くばりのツボ』『五つ星のお付き合い』
は全国 TSUTAYA にて好評レンタル中!

「日曜日、空いていませんか？」
と聞けば、相手にちょっとした恐怖を与えます。

用件によっては、日曜日は空いてないし、
用件によっては、日曜日は空いているし。

そんなふうに戸惑わせないように、
人と会う約束をするときは、
こちらから先に、具体的な用件と時間を伝えましょう。

つまり、
「明日、空いてますか？」よりも
「○○の件ですが、明日の午後2時から1時間、六本木はいかがでしょう？」
と伝える方が、約束を取り付けやすいということです。

また約束と約束との間には、すきまの時間が必要です。
すきまの時間があれば、
前の打ち合わせ時間がずれ込んでも、次の人に迷惑をかけませんし、
今の状況を確認したり、次の約束への士気を高めたり、「役作り」したりすることができます。

「もう少し話したい」くらいの時間が、お別れの時間にぴったりのタイミング。
「一度に長時間会う」より「時間を短く、何度も会う」方が人間関係を礼儀正しく、深くしていくことができるでしょう。

To Do
やってみよう

1. 会いたい人に連絡する。
2. 日にち、会う時間とお別れの時間、場所を、具体的に伝える。
3. 約束を取り付けたら、スケジュール帳に書き込む。

CHAPTER 2
7

5つの
ひとり会議

ひとり会議の手法 4-3

スケジュール会議のコツ

スケジュール帳の使い方

スケジュール帳は、
大きなサイズのマンスリー型がおすすめです。

「時間」という見えないものを、たっぷり手で触って実感できるからです。

あたまの中で考えた時間は、概念であり、自在に姿を変え、
なかなかうまくとらえることができません。

手で触って1ヵ月先、2ヵ月先、そして季節が変わるという具合に感じてください。

そして、その1ヵ月の流れを目と心で追いかけます。

何度も何度も見返していると、不思議なことに、点が線となり、
ストーリーのようなものが見えてきます。

ストーリーのあるスケジュールは強いのです。

僕は以前、あるテニスプレイヤーからこういわれたことがあります。
「今から僕が打ちます。打ち方ではなく、ボールの軌道だけを見てください」
そして打ち終えたあと、
「では、その軌道をイメージしながらサーブしてください」。
いわれたとおりにサーブをしたら、そのようにボールが飛んでいくのです。

「ボールをラケットで打つ」という点でとらえるのではなく、「ボールを打ったあと、どのように未来が展開していくのか」というストーリーとしてとらえたことで、成功確率が上がったのです。

同じように日常でも「ひたすらがんばる」という考え方はやめて、まずは時間の流れから生まれるストーリーをイメージし、そのストーリーの主人公のような気持ちで行動していきましょう。

To Do
やってみよう

1. スケジュール帳をぱらぱら見る。
2. 未来がどうなったらうれしいか思い描く。
3. そうなるためのストーリーを紡ぎ出す。

CHAPTER 2

8

5つの
ひとり会議

ひとり会議の手法 4-4

スケジュール会議のコツ

ワクワクは仕込むもの

大人になったら、なかなかまとまった時間は取れません。
チャンスは、ちょっとしたすきまの時間に存在します。

そこで「5分あったらやること」をリスト化しておきましょう。
切れはしの時間を「未来への情熱」という糸でぬい合わせ、
パッチワークするんです。

ひまになったらやろうかな。
時間ができたらやろうかな。

そんなことをいっても、はじまりません。

僕は「はじめないと、はじまらない」と思っています。
待っていたら、いたずらに時間が過ぎていくだけです。
待っていたら、美容院にすら行けません（笑）。

「今やる」「すぐやる」を口癖に。
やりたいことを実行に移すための時間を見つけ、
“容赦なく”スケジュール帳にザックリと書き込む。

予定が入っている、名前がついている時間以外は、
すべて空いている時間なのですから。

毎日、楽しくない。本当にそうでしょうか。
もしかしたら、楽しいことが起こることを、
受け身的に待っていませんか？

今日を楽しい一日、意味ある一日にするための、
時間を取っていますか？

明日を突然、ワクワクする日に変えてもいいんです。
いつも「明日が待ち遠しい」そんな一日一日をデザインしてみてください。

肉体的な疲れには、積極的な休みを。
精神的な疲れには、新しい世界を。

To Do
やってみよう

1. **「5分あったらやること」をリストアップする。**
2. **「今日一日、どうしたら楽しくなるか？」を考える時間を持つ。**

CHAPTER 2
9

5つの
ひとり会議

ひとり会議の手法 4-5

スケジュール会議のコツ

誰かにお願いする

物事は「緊急」か「重要」かに分かれます。

「緊急だし、重要」なこと。
「緊急じゃないが、重要」なこと。
「緊急だけど、重要じゃない」こと。
「緊急じゃないし、重要でもない」こと。

いつも「あ！　忘れてた！」と思い出しては、
あわてて行動に移している人たちは
いつも「緊急」に支配され、「緊急」なことでスケジュールを
埋められています。
するとだんだん精神的にきつくなり、
「緊急じゃないし、重要でもないこと」（つまり“息抜き”）
がないと、やっていられない状態になります。

時間を自分のものにするための基本は、
「緊急じゃないが、重要」なことをどんどん優先し、
先に手をつけていくことです。
そうすると自然に、「緊急で、重要」なことが減っていき、
ワクワクすることに時間を使えるようになっていきます。

かわりに「緊急だけど、重要じゃない」ことは、できればアウトソーシングしましょう。
自分にとってはあまりやりたくないことだけど、そのことが好き！っていう人は、身の回りにきっといるはずです。
あなたはワクワクすることに没頭しましょう。

To Do
やってみよう

1．To Do リストを眺める。
2．そこから「緊急じゃないが、重要」なことをピックアップする。
3．そのことを優先して、スケジュール帳に入れてみる。
4．さらに「緊急だけど、重要じゃないこと」をピックアップする。
5．そのことを、身の回りにいる誰かに頼んでみる。

CHAPTER 2
10

5つの
ひとり会議

ひとり会議の手法5

情報収集会議

僕の知人に、すばらしいヒットメーカーがいます。
彼女に
「なぜ、いつもそんなに素敵なアイディアが出てくるの？」
と質問したら
「ものをたくさん見て、たくさん感想を持つことが大切だ」
と教えてくれました。

彼女はなんでも気づいたことを、リストアップする癖があるようです。

たとえばあるカフェに入ったとすると、

入り口がちょっと暗い？
メニューが読みにくいかも？
女性が好むメニューが少ない？
フロアは掃除が行き届いているな。
店員さんの元気がない。
センスのいい音楽が流れてるな。

…など、思いつく限り「感想」を出していく。
そしてその量がある一定量を超えると、
「カフェ」について、次々とアイディアが出てくるといいました。

たとえ仕事に関係しないジャンルでも
そうやって日ごろから多くの感想を持ち、引き出しを増やし、どんな案件がやってきても、対処できるように準備しているんだそうです。

僕の場合は、カフェのテーブルに雑誌の束をポーンと置いて、ペラペラめくりながら、「おっ」と心が動いたものを、メモしています。

眺めているだけで、今考えていること、悩んでいることに対して、とても重要な情報が自然にヒットしてくるものなのです。

潜在意識という検索エンジンが拾ってくれるからです。
ランダムに取ってきた情報であっても、
実は、自分がこれから解こうとしている問題のキーや、ヒントになっていたりします。
またはこれからやってくる、問題の予告になっているケースもあります。

なので、情報はじっくり読み込みません。
コーヒーを置いて速読状態です。誰かとしゃべりながらでもできます。

「これはネットで検索しておこう」「いつか必要になるかも」と、ノートに走り書きしながら、思考を深めていくのです。

たとえば、
「セレンディピティ」という単語を見つけ、
「何かを探しているときに、思わぬ発見をする能力・才能」っていう意味なんだと知り、ノートに書き記す。
「日本人のお小遣い年代別リスト」のような記事もメモするし、気になる人物を見つければ、その人物の本や関連グッズを購入してみる。

そんなふうに手に入れた情報は、不思議なことに、たいてい3日以内に再び登場するものです。(少しばかりの予知能力を僕たちは持っているようです)

To Do
やってみよう

1. **ひとり会議（情報収集）という予定を入れる。**
2. **雑誌、本など情報源となるものを集める。**
3. **パラパラ流し読み。気になったものを書きとめる。**

CHAPTER

3

ひとり会議後の仕事術

Post-Meeting Job Skills

CHAPTER 3
1

ひとり会議後の仕事術

メモのしかた

歩いていたら、なにかを思いついた。
でもそこが「ひとり会議ができない場所」であるがゆえに保留してしまう。その間に思いつきは忘却の彼方へ消えていく…。
というパターンをくり返している人がたくさんいます。

思いついたことは、パッとメモに残す。
「アイディア」や「やるべきこと」はもちろんのこと、
「今度このことについて、じっくり考えたい」
ということまでも、書き残します。
それが次回のひとり会議のテーマにもなります。

**すぐメモできるようにするためにも、
出かけるとき、いつも必ず持ち歩いているもの
というのが重要です。**

ソクラテスは歩きながら弟子たちに授業をしていたといいます。
歩いているときは、脳が活性化し、アイディアがおりてきやすいのです。

僕は携帯電話のメモツールを使っています。
なにかぱっと思い浮かんだらすぐに書き込めるし、
「仕事のTo Do」や「プライベートのTo Do」など
いくつもの役割リストも一緒に管理しています。
移動中、たとえばエスカレーターに乗っている間とかに、
メモツールを使って、思いついたTo Doを書き出しています。

ふとなにか思いついたとき、
そのことについて考え込むのではなく、
「あ、このことについて考えなきゃ」と、
あとで思い出せるような仕組みを作っているのです。
ヒラメキは神様の入れ知恵ですが、
一瞬にして消え失せていきます。
感性の手を伸ばして神様のシッポをつかみ、文字に変えるのです。

To Do
やってみよう

1. **近所を散歩する。**
2. **なにか思いついたら、メモをする。**
3. **メモの内容は主に「アイディア」「やるべきこと」「ひとり会議のテーマ」。**

CHAPTER 3

2

ひとり会議後

の仕事術

自分の動かしかた

To Do をどうやって、パッと実行に移すか。

どうも気分が乗らない。人間なら必ずある精神状態です。
その状態を振り切って、「やるしかない！」と無理をする。
それもいいかもしれない。けれど、心がねんざしたり、ケガしたりします。
心とは長いお付き合いになるので、やさしく接してあげましょう。

「ちょっとだけ、やってみない？」
がスタートのきっかけです。

CHOCOTTO

今日はあんまり気分が乗らないから、軽くやってみよう。
たいした成果がなくてもいいからね。
そんなふうに、なだめるように語りかけてあげる。
すると、いつの間にか「いい感じ」で動いている自分がいるかもしれません。

コツは「がんばらない」ことです。
人は身体的にも精神的にもリラックスしている状態が、
才能をもっともよく発揮できます。

努力感や疲労感がないと、がんばっていないような気がして
まるで自分だけサボっているような気持ちになるかもしれません。
でも「リラックスして、がんばること」に慣れましょう。

肩の力を抜きながら、いかに大きな結果を出すか。
それがあなたにとっては、一番大事なことなのです。

To Do
やってみよう

気分が乗らないとき、次のどれかをためしてみる

1. **「ちょっとだけやってみない？」と自分に声をかける。**
2. **「どうすればこの作業が楽しくなるか？」と自分に質問する。**
3. **まずは簡単な作業を、まるで芸術作品のように、丁寧に時間をかけて仕上げてみる。**
4. **「今からこれをすると、なにが手に入る？」と自分に聞く。**
5. **「ねばならぬ」気持ちになったら仕切り直す。**

CHAPTER 3

3

ひとり会議後の仕事術

返事のしかた

本当に忙しい。
新しい仕事がどんどんやってきて、
目の前の仕事を一つひとつこなすだけで精一杯。
こういうとき、あなたならどうしますか？

僕のメンター（仕事や人生に効果的なアドバイスをしてくれる相談者）の家にはとんでもない数のお中元が届きます。
家中がお中元であふれています。
そんなとき、どこから手をつけていくか。
はやく食べないと傷んでしまうから、古いものから手をつけていく。
これが普通です。
でも「つねに新しく届いたものから食べるべきだ」とメンターはいうんです。
「古いものから手をつけていると、
今、せっかく新鮮なものまでも古くなってしまうから」
そんなふうに教えていただきました。

メールについても同じことがいえそうです。
古いメールから順番に返信していくと、
今届いたメールも古くなっていきます。
反対に新しいメールから返信していると、
「対応が早い」と感じてもらえます。
(古いメールでも本当に重要なものについては、
電話か、催促のメールが届くはずです)

またメールの返信には2種類あります。
用件を伝えるメールと、コミュニケーションのためのメール
です。

用件を伝えるメールには、
件名に「なにを伝えたいのか」を入れます。
用件が複数ある場合は、
すべての用件を本文の頭に箇条書きします。
そして1件、1件、短い文章で書くことが大切です。
相手にとって読みやすい改行をするのもおすすめ。

また
「今、こんなお話になっていますよ」
「こんな展開になりそうです」
と、事後報告するのも大切ですが、
送信するときに、「Cc」「Bcc」で同時に送ることで時間を短縮することができます。

コミュニケーションのためのメールは、
「！」「(笑)」「(^_^)v」などを使って
相手にとって楽しく読めるように工夫しましょう。
ちょっと加工した写真を添付するのもおすすめ。

メールは時間を取られます。
メールとは「メールを処理する」という予定をいれ、
その時間の中で向き合いましょう。
いずれにしても、なるべく短い文章で送ってあげることが、
忙しい人たちにはよろこばれるようです。

To Do
やってみよう

1．忙しくなったら、新しいものから対処する。
2．メールは「メールを処理する」という時間の中で処理する。

CHAPTER 4

自分を見つめる ひとり会議デラックス

A day to look at into yourself

CHAPTER 4
1

ひとり会議
デラックス

自分の枠を取り払う

突然ですが、
今、あなたの目の前には無数の選択肢があります。
今この瞬間、なんでもできるはずです。
いきなり笑い出してもいいし、いきなり裸になって走り出してもいい。
しかしそんなことをしないのは、
今までの経験が、あなたの行動範囲を決めているからです。
やってみて、
「うまくいった経験」「まあまあだった経験」「ダメだった経験」のうち「ダメだった経験」は、すでに選択肢からはずされています。

たとえば小さいころ、「家族の中で一番音痴なのはお前だ」といわれる。

さらに合唱コンクールの練習をしているとき、
友だちから「良かったら口パクでやってくれないかな？　僕たちどうしても優勝したいんだ」とお願いされる。

ドラマの主題歌をマネてみたら、まわりの友だちにひどく笑われる。

おまけに社会人になってカラオケで歌ったら、まわりが変な空気になった。

そんな経験を積んでいれば、もう「歌はいいか」となります。

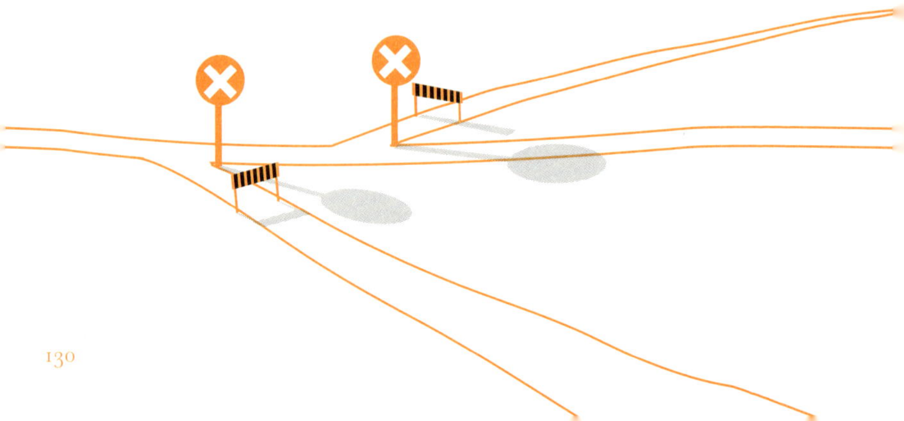

誰もがそんなふうに
「もう選ばなくなった選択肢」をたくさん持っています。
気づかず、その選択肢をはずしたまま暮らしています。
選択に迷うときもあります。
よく考えているつもりでも、その選択肢はいつだって実に「自分らしい」。
「いや、この選択は自分にとっては大きなチャレンジだ」と感じていても、
それが過去の延長線上であることには、変わりありません。

人は年を重ねるごとに、「自分らしさ」を強化していきます。
そして、
やっぱり「あの人みたいにすごくはなれない」
けれど「あの人みたいにひどくもない」
つまり「このへんが自分らしい」
というゾーンを決めていきます。

人によってそのゾーンは違います。
PTA会長をやらされて落ち込む人もいれば
PTA会長になれなくて落ち込む人もいます。
口紅がはがれただけで
「見ないで！」と恥ずかしがる人もいれば
口紅をひいただけで、「おでかけですか？」と
隣人に聞かれる人もいます。
それぞれの「自分らしさ」なのです。

この「自分らしさ」は“無意識（潜在意識）”の中にあり、
あなたの心を支配しています。
意識できる意識と、意識できない無意識の割合を
ビット数であらわすと、なんと140対20000。
「やせたい！」と140人が叫んでも、
20000人が「食べたいものを食べたい！」と主張します。
「結婚したい！」と140人が叫んでも
20000人が、「面倒くさいんだ！」と主張します。

無意識はかたときも休むことなく、
思ったことを、完璧に実現しています。
変わりたいと口ではいっても
無意識は「変わりたくない」と思っています。
「今の自分」が大好きだからです。
今のあなた以上にも、以下にもなりたくない。
とにかく現状を維持したい。
そこがもっとも心地良い、安心感のあるところだからです。

なぜそうなっているかというと、
人間のホメオスタシスが影響しています。
ホメオスタシスというのは、生命をキープするために欠かせないもの。
体温や血糖値などを「いつもと同じ状況」にするために働いています。
大脳が発達した僕たち人間の場合は、
思考レベルにもホメオスタシスが働いているそうです。

たとえば、
「やる気が出た！」と思うときがありますが、
しばらくすると、どこかに消えているときがあります。
やる気はいいものだと、あなたは思っています。

ところが、ホメオスタシスからしてみると、
昨日まではやる気を出さずに、
うまく生きてこれたわけですから、
「やる気が出た」＝「異常な精神状態」
という判断になるので、一気にふり戻そうとするのです。

夜中、急にやる気になった。
すごいスピードで企画書を書き上げた。
できたー！　これはすごい！　とんでもないことが起きるぞ！
と興奮しながら眠りについたが、
翌朝その企画書を見返すと、「え？　これ、誰がやるの？」。

このように、
ドンといったものは、ドンとふり戻される。
がんばってしまうと、必ずふり戻される。

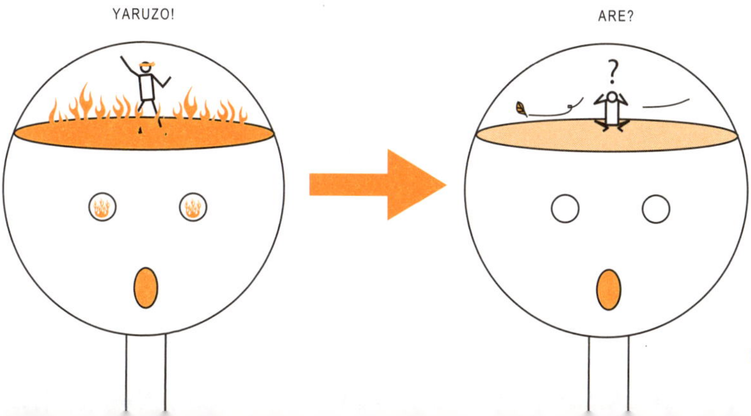

ではどうしたら、ホメオスタシスの影響を受けずに、
今より上をめざすことができるのか？

答えは、
「“自分らしさ”を書き換える」
です。

「自分らしさ」だけが変われば、
今のあなたが「自分らしさ」の外に出てしまうので、
大慌てで、新しい「自分らしさ」に逃げ込もうとする。
するとなんの努力感もなく、
ホメオスタシスの力を使って、
今めざしているところに到達することができるのです。

では実際、
「自分らしさ」を書き換えると、どんなことが起こるのか。
僕たちの脳みそはわずか3%しか使われていないそうです。
脳みそがこんなに発達しているのに、
脳みそにエネルギーを供給している消化器系は、
他の動物とほとんど変わらない。
もしも脳みそをフル活動させたら、死んでしまうので、
3%くらいにおさえられているといいます。
残りの97%の部分は、「目隠し」をして休ませているのだそうです。

つまり100個の情報があれば、
97個を捨てて、3個だけ取り寄せている。
自分にとって重要度の高い3個だけを取り入れ、他は捨てて、
あとは記憶に頼っています。

お母さんが急に老けたように感じるのはそういう理由。
本当は、お母さんは急に老けません。
徐々に老けているはずです。
ふだん、あなたはお母さんに話しかけているのではなく、
記憶の中にいるお母さんの「アバター」に話しかけているんです。
だからたまに記憶が“アップデート”されると、急に老けたように感じる。

妊婦になると、町中が妊婦であふれ出します。
自分がバッグを買ったら、同じブランドのバッグをよく見かけるようになります。
最近好きになった曲は、あちこちで聞こえはじめます。
でもそんなはずはありません。
3%の意識が、自分にとって重要度の高いものを拾いはじめただけです。

また、がやがやうるさいパーティーの中でも、目の前の友だちが話す言葉はきっちり聞き取ることができるのに、他の情報は全部捨てることができる。
しかし今まで聞こえてなかったのに、隣のテーブルであなたの名前が突然話題に出てきたら、その名前だけをピッとキャッチする。
僕たちにはそんなすごい能力が備わっています。

必要な情報だけを取り寄せ、あとは捨てるということをくり返す。

そして、その自分が情報を取り寄せてくる幅が、
「自分らしさ」に関係するところなのです。

「自分らしさ」が書き換わると、
今まで目隠しされていたところに、ぽこっと穴が開き、新しい情報を取り寄せるようになります。同時に今まで開いていた穴はとじてしまいます。

そして「自分らしさ」が変わったとたん、
必要な方法もお金も人もアイディアも、
もともと自分の手元にあったんだということに気づきます。

「条件がそろったらやろう」と思っていても、ラチがあきません。

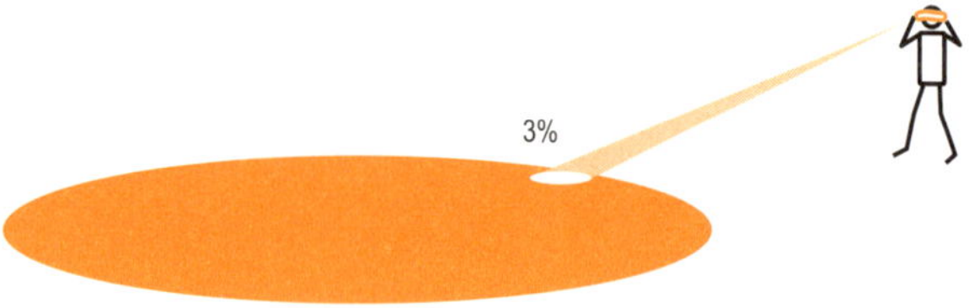

なぜならその条件は
今のあなたの「自分らしさ」にあったものしか、
見えていないからです。
いい換えれば、「自分らしさ」が書き換わらない限り、条件は
そろわないのです。

「自分らしさ」が書き換わると、
今までないと思っていた、
見えてなかった、
聞こえてなかった、
聞こえているけど心に届いていなかった、
そんな情報が、
すべてもともとあったことに驚きを感じながら、
あなたはそれをどんどん手にしていきます。
「最近なんかこわい、むこうからやってくる！」
という状態です。
その状態を「引き寄せの法則」という人もいます。

では「自分らしさ」を書き換えるにはどうするか？

方法は3つあります。

1. ぶっ飛んだ夢を持つ

まるで実現させる方法すらわからない夢を持つことです。方法がわかるということは、過去の経験に基づいているということで、結果は過去の延長線上に乗ってしまいます。方法すらわからないところに目標を設定することで、「自分らしさ」が動きはじめ、「目隠し」の位置が変わるのです。

2. あこがれの群れに飛び込む

大事なのは“ノウハウ”よりも“ノウフー（誰を知っているか）”。あなたが目標としていることを、当たり前のように達成、または日常のことにしている人たちの群れに飛び込みましょう。はじめは非常に居心地が悪く、会話もよくわかりませんが、ホメオスタシスは強い方へ同調していく癖があり、同調することで「自分らしさ」が書き換わります。口癖がうつり、笑うタイミングが似てきたころには、すっかり書き換わっているでしょう。

3. すでにうまくいったふりをして生きる

もうそのことが叶ったようにふるまい、叶った人のような表情をし、叶った人のような行動をする。それをつづけていると、大いなる勘違いが成立し、「目隠し」がはずれます。叶ったことが、当たり前の日常であるかのようにイメージして、そのように生活します。

To Do
やってみよう

1. ぶっ飛んだ夢を持つ

1　方法すらわからなかったので、今まで捨ててきた夢を思い出す。

2　その中でもっともワクワクする夢を書き出す。

2. あこがれの群れに飛び込む

あなたが憧れている、またはなりたいと思う人物の名前を、10 人分書き出す。

3. すでにうまくいったふりをして生きる

なりたい自分になりきって、誰かに電話をかけてみる。

CHAPTER 4

2

ひとり会議
デラックス

月に一度の
ひとり会議
デラックス

To Do
やってみよう

1. **スケジュール帳を開き、「ひとり会議 DX」の予定をいれる。**
2. **それから月に１回のペースで、「ひとり会議 DX」の予定を書き込んでおく。**

「自分らしさ」を書き換えることで、
努力感なく、自分がめざしている方へ近づける、
という仕組みはおわかりいただけたと思います。

でも、そもそも
「自分は一体どこへ向かおうとしているのか？」
これは忘れているものなので、思い出す必要があります。
そのためのひとり会議デラックスです。

あたまではわかっていてもできないことがある。
苦痛をともなうものは避け、快楽を求めてしまう。

じゃあ自分は一体なにがやりたかったんだろう？

子どものころは「やりたいこと」しかなかった。
大人になるほどに「やるべきこと」ばかりが増えてくる。
そしてある日「あなたのやりたいことはなに？」
と聞かれると、うまく答えられない。
本当は、あなたは、なにをやりたかったんでしょうか？

ここから先は、月に１回やってほしい
ひとり会議デラックス。
つまり「自分が本当にめざしていることを知る」ためのワークです。
思っていることを書き出すのが苦手な人は、
身近な人とシェアリングをしてみてもいいでしょう。

この時点で、「あーこの手のやつね」と思考を止めないでください。
大切なのは導き出される答えではなく、
その答えを答えたあとにあらわれる、その次の感情（＝答え）なんです。

質問に答えることによって、
あなたの心の表面にあった感情が、一枚リリースされます。
「あれ？　なんかこんな気持ちが出てきた」
とびっくりするような、ちょっと異質なものが姿をあらわします。
ひとり会議デラックスの面白さはそこです。
ただ書き出していくだけで、
自分が認識したことのないような考えが、
自分の中からあふれ出してきます。

自分がアイディアを出すのではなく、
アイディアに自分が見つけ出されるような感覚です。
ぜひその不思議な感覚を味わいながら、
「自分は一体どこへ向かっているのか？」
ということを再確認してください。

ひとり会議DX用

おすすめの質問

*

ひとり会議DXの答えは、
ノートやパソコンに書き出すことが重要です！

ひとり会議 DX 用

おすすめの質問 1

「子どものころ、なにが好きだったか？」

子どものころ、誰もが「WANT TO＝やりたいこと」にしたがって動いていました。でも大人になるにつれて「HAVE TO＝やらないといけないこと」に心を占領され、「なにがしたいですか？」と聞かれると苦笑するようになります。そんな僕たちの心の底から「WANT TO」を復活させる質問です。

ひとり会議DX用

おすすめの質問2

**「制限がないなら、
どんな将来をのぞむか？」**

「自分はどうなりたいか？」と考えたとき、身の回りにはいろんな条件があり、なかなか自由に発想することができません。だからつい過去の経験や記憶、今の状態や流れを頼りに、未来を予想し、計画してしまいます。この質問は「本来、なにを求めていたのか？」を思い出させてくれます。

ひとり会議DX用

おすすめの質問3

「自分が一番輝いていたのはいつか？」

キラキラとした人生のハイライト。それを語ったり、書き出すだけで、そのころの自分の気持ちがよみがえり、体温が上がって、高揚感があふれます。これからの人生をずっと動かしつづけてくれる大切な記憶です。ときどき思い出し、表に出してあげてください。

ひとり会議DX用

おすすめの質問4

**「人生で一番つらかったとき、
どうやって立ち直ったか？」**

つらかった事実を語りはじめると、何時間あっても足りません。だから「立ち直った方法」だけを思い出してください。この方法の中には、あなたが前に進むためのヒントがあります。目の前の問題も、その方法で解決できるかもしれません。

ひとり会議DX用

おすすめの質問5

「知らない人が30人いる。
彼らと打ち解けていく過程で、
あなたは彼らになにをしてあげたいか？」

おのおの知らない人同士が同じ部屋にいる。そして時間の経過とともに徐々に仲良くなっていきます。あなたはふと思います。みんなになにかしてあげたい。意外な人もいます。ある人は「足をもんであげたい」。ある人は「パンを焼いてあげたい」。または「ホームページを作ってあげたい」。自分の大好きなこと、得意なことで、よろこばせてあげたいと思うのです。

ひとり会議DX用

おすすめの質問6

**「自分の得意なことはなにか？
自分の苦手なことはなにか？」**

得意なことはなにかと聞かれて、即答できる人はまれです。得意なことはあなたにとっては、簡単なことだからです。こんなに簡単なことは誰だってできる。得意なことはもっと難しいことでなければならないと思いがちです。ためしに仲の良い人に聞いてみたら、意外な得意なことを教えてくれるかもしれません。苦手なことはなにか？　これは誰でも簡単に答えることができます。そこでもう一つ質問を加えましょう。「あなたが苦手なことを、反対に得意としている人は誰か？」そのことを喜びに感じている人が、あなたのまわりにいます。あなたの苦手は、誰かの得意を活かす才能でもあります。ほめて、頼って、その人の才能を輝かせてください。

ひとり会議DX用

おすすめの質問7

「誰に手伝ってもらうといいですか？」

この質問自体が、究極の質問だと思います。友人の本田健くんに「人生を変える質問」をたずねたところ、彼が教えてくれた質問のうちの一つです。うまくいっていない人は、いつも自分ひとりでなんとかしようとします。一方で、うまくいっている人は、人の手を借りる習慣があるのです。

ひとり会議DX用

おすすめの質問8

「死ぬとき、なにを後悔するか？」

ふだん忙しく過ごしていると、大切なことになかなか時間を使えません。でも時間がもう「ない」瞬間を想像したら、どんな気持ちですか？　中途半端なまま終わらせたもののうち、なにが一番悔やまれますか？　この質問に答えたあと、目の前の現実が違って見えたり、判断する基準が変わったりします。

ひとり会議DX用

おすすめの質問9

「今、あなたが会いたい人は誰か？」

毎日、同じ人と顔を合わせています。会いたい人とはなかなか時間をともにできません。でも今こそ、会うべき人がいます。何度も会いに行くべき人がいます。これは人生のトリックです。それは誰なのか？　あたまの中で探すだけでもドキドキします。

ひとり会議DX用

おすすめの質問10

「人生で夢を叶えたのはいつか？」

受験、恋、仕事、スポーツ、家族で、夢がかなった。目標を達成した。そのときわき上がった感情を思い出してみてください。成功したことをもう一度疑似体験することで、「やればできる」という気持ちが強化されます。

ひとり会議DX用

おすすめの質問11

人生で一番輝いた瞬間の感情は、
「体のどこらへんにある？
どんなカタチをしてる？
色は？　温度は？　かたさは？」

僕たち人間の大脳は異常発達し、すごい力で物事を考えています。しかし同時に「わかっているのに、動けない」という現実にもぶち当たっています。それは「考える脳」と「行動させる脳」の場所が違うからです。「行動」を司っているのは原始的な脳であり、そこがやる気にならないと行動につながりません。その部分は「感じる」を司っている場所でもあります。夢を叶えたり、達成したときの感情を再現することで、いい結果が生まれることがあります。

ひとり会議DX用

おすすめの質問12

「目標はなにか？」

「なにが上手くいっているのか？」

「なにが上手くいっていないのか？」

「だからなにをすべきなのか？」

「これらの質問により
手に入れたものはなにか？」

[例]

「目標はなにか？」

⇒「3ヵ月後までに5キロやせること」

「なにが上手くいっている？」

⇒「間食は完璧にやめた」

「なにが上手くいってない？」

⇒「実は夜遅くラーメンを食べている」

「なにをすべき？」

⇒「ラーメンを食べた翌日は1時間早く起きて、朝、歩く！」

「なにを手に入れた？」

⇒「あと3ヵ月でやせられるという実感！」

一方的に相手に答えを伝える方法を「ティーチング」と呼ぶなら、相手の中から答えを引き出す方法を「コーチング」と呼びます。この5つの質問はコーチングの一種です。ふとしたときに自分に投げかけるだけで、自分が今考えていることがわかり、心の整理をすることができます。

ひとり会議DX用

おすすめの質問13

「一瞬にして今の状況を変えるには どうしたらいいか？」

脳は不思議なもので、与えられた質問どおりに思考をすすめます。一見、乱暴な質問のようですが「一瞬にして」といわれたら、脳はそのとおりに答えを見つけようとするから不思議です。

Deluxe

CHAPTER 4

3

ひとり会議
デラックス

夢を叶える
採点

目標があって、計画があって、To Do が出てくる。
でも、その To Do って、基本的にはやりたくないもの。

優先順位が高い To Do ほど、やりたくない。
逆に優先順位が低い To Do ほど楽しい。
そのギャップが、夢を叶えにくい原因です。

そこで僕の友人が実践している方法をご紹介します。

＜今すぐやりたい＞を 100 点、
＜今すぐ他人にかわってほしい＞を 0 点とします。

「ではこの To Do は何点ですか？」
「20 点かな、やるけどさ」
「そのことを今やり終えたら、なにが手に入る？」
「やるべきことをちゃんとできた達成感と、
仕事が今日確実に前に進んだというよろこび」
「じゃあもう一度、聞きます。それを手に入れるための To Do として考えたら？　何点？」
「40 点かな」
「では、それを 100 点にするにはどんな意味合いを、その To Do に与えれば良いですか？」

「やることで、過去最高の結果が生まれ、このあとの仕事がもっとやりやすく、楽しくなる。そのためにこのことをやる、なら100点」
「オッケーです。じゃあ120点は？　今すぐやりたい、を超えて、なにがなんでもやりたいと思うためには、なにが必要ですか？」
「そのことをやることによって、先のことがどんどん楽になるだけじゃなく、別の仕事ともつながり、他のワクワクするような案件も舞い込んでくる。そのきっかけとなる。それなら120点」

こういうやり取りをずっとつづけていると、その To Do に対する意味が変わってきます。
その意味は、自分が自分に与えているイメージ（自分らしさ）なのです。

「やらないといけないけど、やりたくないことはなんですか？」
「ダイエットです」
「何点？」
「20点」
「ダイエットすることによって手に入るものは？」
「出てきたおなかがひっこんだらいい」
「おなかがひっこむかもしれないという予感がするダイエットだったら何点？」
「40点」
「どうしたら100点にできる？」
「え…」

ここで思考が止まってしまう人がいます。
つまり、自分が自分に与えているイメージが、ここまでなんです。

「もう少しがんばってみましょう」
「…うーん、じゃあ…かっこ…、かっこ良くなるためのダイエットなら100点です」

「ああ、なるほど！　かっこよくなるためのダイエット。かっこ良くなっちゃうためのダイエット。じゃあ 120 点にするためには？」

出てこない。
「…………モテる（極小の声で）」
「はい？」
「…モテる、です」
「あ、モテる。ダイエットするとモテちゃう。モテるためのダイエット、すぐにモテちゃうダイエット。それなら 120 点ですか？」
「はい」

つまりこの人は
「おなかが出てきてかっこわるい自分」
というイメージを、「モテる自分」まで上げたんです。
こうなると、
「ダイエットする」
という To Do を見た瞬間の、意味合いが変わってきます。

意味合いが変わるから、気持ちが変わる。
気持ちが変わるから、行動できる。
なので計画どおりにいき、目標を達成し、夢が叶うんです。

To Do
やってみよう

次のことを自分に聞く。

1.「やらないといけないけど、やりたくないことはなに？(100点満点で何点？)」。

2.「それをすることで、手に入るものは？（手に入ることを実感し、もう1度評価する)」。

3.「100点にするには、どういう意味を与えればいい？」。

4.「さらに120点にするためには、どういう意味を与えればいい？」。

CHAPTER 4

4

ひとり会議を
終えて

やるか、
やらないか

やるか、やらないか。
あっちを選ぶか、こっちを選ぶか。
2択の決断をせまられることがあります。
正解はありません。自分の直感を信じるだけです。
できることは、直感を磨いていくこと。

「こういう気持ちのときに判断すると、
あとでどうなっただろう」
「こういう気持ちのときに判断すると、
やっぱこういうふうになるもんだな」

そんなふうに「判断」と「気持ちの検証」をくり返し、
自分の中のエスパー的なものを、レベルアップさせるんです。

では、どうすれば、
今よりもっと直感を磨くことができるんでしょうか。

こんな話があります。

あなたがお金を借りて、物を買ったとしましょう。
インフレになるとその物の価値が上がります。
すると借金が小さくなる。これは利益です。
デフレになると、物の価値が下がります。
すると借金が大きくなる。これは損失です。

損をしたくなければ、デフレのときに、
「インフレのときと反対のことをしないといけない」
というのは誰でもわかります。
みんなどうするか？
節約するんです。
節約するということは、正しいことのように思えます。
でも長期的に考えると合っていません。
節約していると、経済がどんどん縮小していくからです。
縮小していくと、ますます外からお金を得にくくなるので、
自分の生活はますます小さくなっていく、という悪循環に入ります。

ではどうすればいいか？
まず自分の収入の中から、
「自分の生活に必要な分」を切りわけます。
そして残った部分をすべて使って、リスクを取りにいきます。
リスクを取るというのは、
わかりやすくいうと「失敗する」ということです。
リスクを恐れるのは、利益を恐れることです。
リスクを取らないと、利益は生まれないからです。

ただし、あくまでも「必要なお金」は別（すべてのリスクを取るのは、酔っぱらいのギャンブラーと変わりません）。

残ったお金を、意識的に、新しい挑戦のために使うことが重要なんです。
で、やってみます。
やってみると、エラーをします。
エラーをすれば、そこから積極的に学びます。
それが「直感が磨かれていく」ということになります。
そしてよりチャレンジ回数が多い、学んだ回数が多い、
活かした回数が多い人ほど、直感は鋭く磨かれていきます。

直感というのは、あたまではなく、より身体的な感覚です。
「ああ、胸騒ぎしてたんだよ。次から気をつけよう」
「ああよかった、ワクワクしたから、やっぱりあれはあたってた」
大事なのは身体がどういう変化、感じ方をするかを観察し、
そのときにやって「うまくいった」「うまくいかなかった」を意識しておくことです。

「たくさん考えれば、リスクは減るだろう」と思いがちですが、
いくら考えたって、しくじるときはしくじります。
大切なことは考えることではなくて、
リスクを取って、しくじって、そこから学ぶことなんです。
それは一発でうまくいくことより、よっぽど大切なことです。
だから、迷ったら、迷わずGOです。

１度選んだら、もうくよくよ考えません。
アメリカ先住民のホピ族の言葉に…。
**「変えられるものを変える勇気と
変えられないものを受け入れる広い心
そして、その違いがわかる知恵をありがとう」。**

Epilogue

One Man Meeting Textbook

昨日と同じ今日、

今日と同じ明日を演じるのに

忙しくしていませんか。

新しい時間は、いつでもはじめられる。

その自由を、あなたはずっと前から持っています。

時間は不思議です。

こうしている間も過ぎていく。

なにかに没頭していても、

心配でなにも手につかなくても同じ。

もしも世界中の時計がなくなって、

みんなが感覚だけで暮らしはじめたら、

一体どんな世界が待っているんだろう。

誰もが日々、このように生きてきて、

昨日の自分のことを思い出し、

今の自分を、自分だと認識しています。

でも昨日の自分より、今日の自分は成長できたのか。

なにを加えて、なにを手放したら成長できるのか。

そんなことを考えながら、工夫をくり返すうちに、

急に昨日までの自分が懐かしくて、

古めかしく感じられるようになる瞬間があります。

自分が好きなことはなにか。

本当に自分が好きなことをやっているのか。

なぜ自分はそこに存在するのか。

ひとり会議のテーマは

次第に「いかに生きるか？」

ということになってきます。

思考と感情が、人生を作っています。

なにを思うか、どう感じるか。

なにげなくそう思い、こう感じる。

その当たり前を、疑ってみましょう。

そしてたまにはあたまの中のおしゃべりを黙らせて、

じっと目をこらし、耳をすましてみましょう。

あなたのまわりには新しい機会があふれています。

「どうせこうに決まっている」ではなく

「もしや」という気持ちで見ると、

見えてくるものがあります。

「あーそれ興味ないなー」

というものを見つけたら、

反対に食いついてみてください。

きっと意外なものが手に入ります。

新しい「楽しい毎日」は、

あなたに発見されるのを待っています。

探さなくてもいいんです。

あなたのいる場所は、

すでにヒントであふれています。

目的にたどり着くまでの手段があります。

でもその手段を使うこと自体が、

いつしか目的になってしまっていることがあります。

どうすれば、自分を本当によろこばせられるのか？

まずはこの質問を投げかけてみる。

そして、あたまを整理する

心をすっきりさせる。

部屋をきれいにする。

気持ちのいい場所に身を置く。

明るい人に会いにいく。

人にやさしくする。

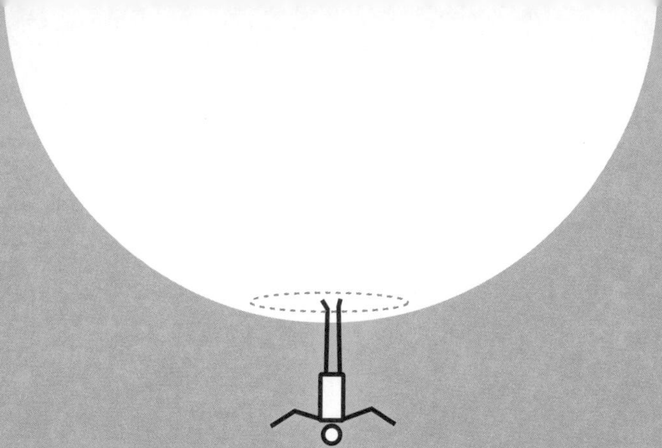

するとあらゆる過程をショートカットし、
どこからか素敵なアイディアがおりてきて、
あなたの人生をがらっと
変えてくれるかもしれません。

良いアイディアは、

良い「ひとり会議」をしたあとのごほうびなのです。

Enjoy your self!

omake

ひとり会議の手順

Matome

1　「ひとり会議をする」という予定を書き込む。

2　ひとりになれる場所に行く。

3　「今からひとり会議をはじめます」と心の中で宣言をする。

4　自分に向けて近況報告を書く。

5　「5種類のひとり会議」から好きなものを選ぶ。

5.1　テーマ会議

テーマを出す。

▼

それが「どうなればいいか？」と質問する。

▼

それが「どうすれば、そうなるか」と質問する。

▼

その答えを「To Do」としてメモする。

5.2　問題対策会議

今直面している問題をすべて書き出す。

▼

それぞれ「どうなればいいか？」と質問する。

▼

それぞれ「どうすれば、そうなるか？」と質問する。

▼

それぞれの答えを「To Do」としてメモする

5.3　フリー会議

まったくフラットな状態で、
ただ思い浮かんだことをどんどん書き出す。

5.4　スケジュール会議

あなたがあなたの秘書になって、
To Do をスケジュール帳にいれる。

5.5　情報収集会議

ランダムに読み流し、
心が反応したものだけをメモに残す。

6　月に1度、ひとり会議デラックスを開く。

「ひとり会議」の教科書　参考文献

『インベストメント ハードラー』
為末 大（著）　講談社

『億万長者 専門学校』
クリス 岡崎（著）　中経出版

『「心のブレーキ」の外し方～仕事とプライベートに効く 7 つの心理セラピー』
石井 裕之（著）　フォレスト出版

『コンセプトライフ』
柴田陽子（著）　サンクチュアリ出版

『人生を変える！夢の設計図の描き方～ 1 年後に「自分らしい生き方」ができる方法』
鶴岡 秀子（著）　フォレスト出版

『すごい会議～短期間で会社が劇的に変わる！』
大橋 禅太郎（著）　大和書房

『成功するのに目標はいらない!? 人生を劇的に変える「自分軸」の見つけ方』
平本 相武（著）　こう書房

『戦わない経営』
浜口 隆則（著）　かんき出版

『短期間で組織が変わる　行動科学マネジメント』
石田 淳（著）　ダイヤモンド社

『残り 97%の脳の使い方～人生を思い通りにする！「脳と心」を洗う 2 つの方法』
苫米地 英人（著）　フォレスト出版

『ピンチをチャンスに変える 51 の質問』
本田 健（著）　大和書房

スペシャルサンクス
池田貴将（アンソニーロビンズ「直伝」トレーナー）

山﨑拓巳

Takumi Yamazaki

1965年三重県生まれ。広島大学教育学部中退。22歳で「有限会社たく」を設立し、現在は3社を運営。「凄いことはアッサリ起きる」-夢-実現プロデューサーとして、リーダーシップ論、コミュニケーション術、仕事術、メンタル／タイムマネジメントほか多彩なテーマで年間約200件の講演、セミナーを実施。現在までに延べ150万人以上にスピーチを行なっている。

主な著書に、『やる気のスイッチ！』『人生のプロジェクト』『気くばりのツボ』（サンクチュアリ出版）ほか、現在までに執筆した書籍は15冊、累計部数は90万部を超え、日本のみならず香港、台湾、韓国ほか、海外でも広く翻訳出版されている。

山﨑拓巳オフィシャルサイト「凄いことはアッサリ起きる」
http://www.taku.gr.jp/

1日10分であらゆる問題がスッキリする

「ひとり会議」の教科書

2010年9月15日　初版発行

著者　山﨑拓巳

デザイン／イラスト　井上新八

発行者　鶴巻謙介
発行所　サンクチュアリ出版

〒151-0051
東京都渋谷区千駄ヶ谷2-38-1
TEL 03-5775-5192／FAX 03-5775-5193
URL：http://www.sanctuarybooks.jp/
E-mail：info@sanctuarybooks.jp

印刷・製本　中央精版印刷株式会社